Materiales de la Tierra

Las rocas

por Rebecca Pettiford

Bullfrog
en español

Ideas para padres y maestros

Bullfrog Books permite a los niños practicar la lectura de textos informativos desde el nivel principiante. Las repeticiones, palabras conocidas y descripciones en las imágenes ayudan a los lectores principiantes.

Antes de leer
- Hablen acerca de las fotografías. ¿Qué representan para ellos?
- Consulten juntos el glosario de las fotografías. Lean las palabras y hablen de ellas.

Durante la lectura
- Hojeen el libro y observen las fotografías. Deje que el niño haga preguntas. Muestre las descripciones en las imágenes.
- Léale el libro al niño o deje que él o ella lo lea independientemente.

Después de leer
- Anime al niño para que piense más. Pregúntele: Las rocas se usan para hacer muchas cosas en las casas y los edificios. ¿Has visto algo construido de rocas? ¿Qué era?

Bullfrog Books are published by Jump!
5357 Penn Avenue South
Minneapolis, MN 55419
www.jumplibrary.com

Library of Congress Cataloging-in-Publication Data is available at www.loc.gov or upon request from the publisher.

ISBN: 979-8-88524-829-7 (hardcover)
ISBN: 979-8-88524-830-3 (paperback)
ISBN: 979-8-88524-831-0 (ebook)

Editor: Katie Chanez
Designer: Emma Almgren-Bersie
Translator: Annette Granat

Photo Credits: cherezoff/Shutterstock, cover; Matauw/Shutterstock, 1; PTZ Pictures/Shutterstock, 3; iacomino FRiMAGES/Shutterstock, 4; Photosampler/Shutterstock, 5, 23tr; Clarity Photography/Shutterstock, 6–7 (top); www.sandatlas.org/Shutterstock, 6–7 (right), 15, 23bm; Pics Man24/Shutterstock, 6–7 (bottom); Helen Hotson/Shutterstock, 8–9; Hannest/Dreamstime, 10; John D Sirlin/Shutterstock, 11; Fyletto/iStock, 12–13, 23tl; Fotos593/Shutterstock, 16, 23tm; Raul Bal/Shutterstock, 17, 23bl; Artazum/Shutterstock, 18–19 (top); Orhan Cam/Shutterstock, 18–19 (bottom); AnnaStills/Shutterstock, 20–21; VallaV/Shutterstock, 22 (top); michal812/Shutterstock, 22ml; Yes058 Montree Nanta/Shutterstock, 22mr; Susan Newcomb/Shutterstock, 22bl, 23br; xpixel/Shutterstock, 22br; JIANG HONGYAN/Shutterstock, 24.

Printed in the United States of America at Corporate Graphics in North Mankato, Minnesota.

Tabla de contenido

Las rocas se forman en la Tierra.

Ellas están en el suelo.

Los minerales producen rocas.

Hay tres tipos.

roca
ígnea

roca
sedimentaria

roca
metamórfica

7

Las rocas cambian.

¿Cómo?

Ellas se quiebran.

Esto toma mucho tiempo.

El agua mueve las rocas.

El viento también las mueve.

Las rocas se van formando.

La roca sedimentaria
se forma.

¿Ves las capas?

¡Qué bonito!

roca sedimentaria

capa

13

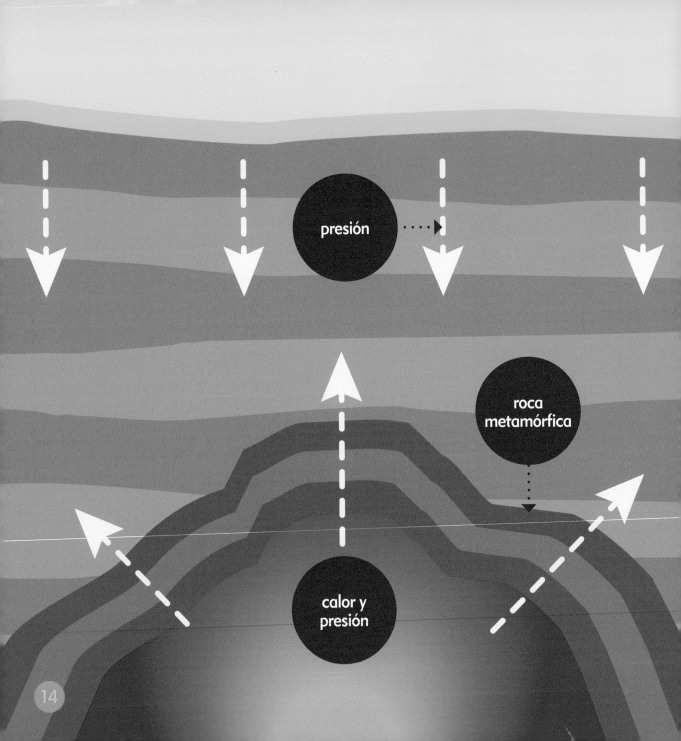

presión

roca
metamórfica

calor y
presión

14

Hace calor dentro de la Tierra.

El suelo está pesado.

Este empuja hacia abajo.

La roca cambia.

Ahora ella es metamórfica.

roca metamórfica

La lava sale.

Ella está caliente.

Ella se enfría.

Ella produce una roca ígnea.

roca
ígnea

granito

mármol

Nosotros construimos con rocas.

¡Las rocas están por todas partes!

¿Dónde las ves?

El ciclo de las rocas

Las rocas siempre están cambiando. ¡Échale un vistazo al ciclo de las rocas!

1. La roca líquida caliente se enfría.

5. Un gran peso y calor la cambian. La roca metamórfica se forma.

2. La roca ígnea se forma.

4. La roca sedimentaria se forma.

3. El agua y el viento la quiebran. Ellos también la mueven.

Glosario de fotografías

capas
Las partes de algo que están sobre o debajo de otras partes.

lava
La roca líquida caliente que viene de dentro de la Tierra.

minerales
Sustancias en la Tierra que no vienen de los animales ni de las plantas.

roca ígnea
La roca que se forma cuando las rocas líquidas calientes se enfrían.

roca metamórfica
Una roca que se forma por grandes presiones o calores.

roca sedimentaria
La roca que se forma de pedazos de roca, plantas y animales.

Índice

Para aprender más

Aprender más es tan fácil como contar de 1 a 3.

❶ Visita www.factsurfer.com

❷ Escribe "lasrocas" en la caja de búsqueda.

❸ Elige tu libro para ver una lista de sitios web.